Non-Fiction kompakt

DER NEUE MINUTEN MANAGER

Autonomie statt Autorität

Zusammenfassung & Analyse

des Bestsellers

von Ken Blanchard und Spencer Johnson

Non-Fiction kompa

DER NEUE MINUTEN MANAGER

Autonomie statt Autorität

Zusammenfassung & Analyse

des Bestsellers
von Ken Blanchard und Spencer Johnson

Verfasst von Laurie Frenkel
In Zusammenarbeit mit Soraya Belghazi
Übersetzt von Ruth Alvermann

Non-Fiction kompakt 50MINUTEN.de

DER NEUE MINUTEN MANAGER

AUTONOMIE STATT AUTORITÄT – EINE FRISCHE PERSPEKTIVE IM MANAGEMENT

Es scheint schon beinahe erschreckend, wie zutreffend und logisch manche Bücher sind. *Der neue Minuten Manager* ist eins davon. Das leicht verständliche Werk überzeugt mit zahlreichen unkompliziert und schnell umsetzbaren Ratschlägen. So bietet es Management-Neulingen einen optimalen Einstieg in die Materie, erfahreneren Führungskräften dagegen eine willkommene Auffrischung ihrer Kenntnisse.

Nach einem fulminanten Einstieg in die Wirtschaftsliteratur in den 1980er Jahren werden Ken Blanchard und Spencer Johnson bald zu renommierten Experten für Managementfragen. Die Originalversion von *Der Minuten Manager* ist längst zur Standardlektüre für Generationen von Führungskräften auf der ganzen Welt geworden und hat sich inzwischen mehr als 15 Millionen Mal verkauft. Vor dem Hintergrund aktueller gesellschaftlicher Entwicklungen beschließen die Autoren, die sich ihres Einflusses auf die Arbeitswelt durchaus bewusst sind, ihr Werk gründlich zu aktualisieren. 2015 erscheint mit *The New One Minute Manager* eine vollständig überarbeitete Neuausgabe „für die Manager von heute" (die deutsche Version *Der neue Minuten Manager* folgt im Jahr darauf).

Das Buch in Form eines fiktiven Romans liest sich angenehm. Es erzählt die Geschichte eines aufgeweckten jungen Mannes, der sich aufmacht, den idealen Manager zu finden. Nach mehreren erfolglosen Begegnungen in verschiedenen Ländern und den unterschiedlichsten Unternehmen trifft er schließlich den Minuten-Manager. Dieser erstaunliche Mensch verkörpert das optimale Gleichgewicht zwischen den „autokratischen" und „demokratischen" Manager-Extremen, die der junge Mann zuvor auf seiner Reise kennengelernt hat. Der Minuten-Manager verrät dem jungen Suchenden drei Geheimnisse, mit deren Hilfe sich herausragende Ergebnisse erzielen lassen, während einer Führungskraft dennoch genug Zeit bleibt, sich aufrichtig um das Wohlbefinden anderer zu bemühen.

Diese Geheimnisse lassen sich sowohl beruflich als auch auf das Privatleben übertragen anwenden. Sie führen den Lesern vor Augen, welche Leitungsfunktionen sie als Manager innehalten und in welche Rollen sie etwa als Mannschaftskapitän eines Basketballteams oder als Elternteil schlüpfen.

Schlüsselinformationen

- **Referenzwerk:** *The New One Minute Manager*
- **Deutsche Version:** *Der neue Minuten Manager: Vollständig überarbeitete Ausgabe für die Manager von heute.* Aus dem Amerikanischen von Hermann Gieselbusch, Gitta Joost und Hubert Mania. 2. Aufl. Rowohlt Taschenbuch: Reinbek 2017.
- **Autoren:**
  - Ken Blanchard (geboren 1939 in Orange, New Jersey/USA) ist Autor, Universitätsdozent und Managementexperte.

- Spencer Johnson (geboren 1938 in Watertown, South Dakota/USA, gestorben 2017) war Autor, Berater und Kommunikationsexperte, außerdem hat er als Diplompsychologe und Humanmediziner praktiziert.

- **Erstausgabe:** 1982
- **Themen:** Business, Geschäftsführung, Management, Leadership
- **Schlüsselwörter:**
  - Manager: verantwortlich für Mitarbeiterführung, Projektleitung, Arbeitsorganisation und/oder Ressourcenallokation
  - Führungskraft/Leader: mehr als „nur" ein Manager; kann Mitarbeiter charismatisch mithilfe einer eindeutig kommunizierten Vision überzeugen und motivieren
  - Situatives Führen: Methode der Mitarbeiterführung, die dem Kontext und vor allem den individuellen psychosoziologischen Profilen der Mitarbeiter sehr viel Bedeutung zumisst, teils auch als mitarbeiternahes Management bezeichnet. Ein guter Manager sollte

seinen Führungsstil hierbei der jeweiligen Situation anpassen.

- Feedback: Meinungsaustausch mit dem Ziel, Mitarbeitern Möglichkeiten zur Leistungssteigerung aufzuzeigen, indem Stärken durch Lob weiter ausgebaut und Schwächen konstruktiv neuausgerichtet werden

EINLEITUNG

ZU DEN AUTOREN

Ken Blanchard

Kenneth H. Blanchard ist ein international anerkannter Experte für Leadership und Management und kommt gebürtig aus New Jersey.

Nach seinem Bachelor in Governance und Philosophie macht Blanchard seinen Master in Soziologie, schließlich folgt ein Doktortitel in Führung und Organisation an der Cornell-Universität. Heute ist der Autor Mitglied des National Training Laboratories Institute for Applied Behavioral Science (NTL Institute) - ein amerikanisches Lehr- und Forschungsinstitut für angewandte Verhaltenswissenschaften, das 1947 von Kurt Lewin (deutsch-amerikanischer Psychologe, 1890-1947) gegründet wurde. Außerdem ist Blanchard Dozent für Führung und Organisation an der Universität San Diego.

Als Managementconsultant und Mitbegründer (gemeinsam mit seiner Ehefrau) der *Ken Blanchard Companies* hält Blanchard zudem regelmäßig Konferenzen in den gesamten Vereinigten Staaten ab, außerdem berät er Führungskräfte großer internationaler Unternehmen bei strategischen Entscheidungen.

Blanchard gilt als einer der 25 meistgelesenen Autoren aller Zeiten, seine Werke wurden in über 40 Sprachen übersetzt und bereits mehr als 20 Millionen Mal verkauft. Gemeinsam mit Paul Hersey (amerikanischer Verhaltensforscher, Autor und Unternehmer, 1931-2012) hat Blanchard zudem Ende der 1970er Jahre das Managementkonzept des situativen Führens begründet, das von Managern situationsangepasstes Führungsverhalten (aus einem „Portfolio" an abrufbaren Führungsstilen) verlangt. Für seine Arbeiten hat Blanchard zahlreiche Auszeichnungen und Preise erhalten.

Christliche Werte

Blanchard ist selbst gläubiger Christ und beruft sich auch auf die Lehren Christi, um

Managern über seine Organisation *Lead Like Jesus* zahlreiche Tools und Lösungsstrategien für effiziente Führungskräfte an die Hand zu geben. Dabei betont Blanchard unter anderem, wie wichtig ein gewisses Maß an Bodenständigkeit sei, um das Vertrauen der Mitarbeiter in einem Unternehmen zu gewinnen – selbst bei noch so minderen Tätigkeiten.

Spencer Johnson

Der zweite Autor, Spencer Johnson, stammt ursprünglich aus South Dakota. Er hat sowohl einen Bachelor in Psychologie von der University of Southern California als auch einen Doktor in Humanmedizin vom Royal College of Surgeons in Dublin/Irland und arbeitete am Institute for Interdisciplinary Studies in der medizinischen Forschung. Zusätzlich war er an der Harvard Business School im Studiengang Führung und Organisation in der Lehre tätig.

Außerdem fungierte Johnson in mehreren bekannten Unternehmen als Leiter der Kommunikation, unter anderem bei *Medtronic,* einem Medizintechnikunternehmen, dessen Gründer als Erfinder der ersten batteriebetriebenen, tragbaren Herzschrittmacher gilt. Darüber hinaus übernahm Johnson einen Beraterposten beim Center for Public Leadership an der Harvard Kennedy School of Government.

Als Schriftsteller ist Johnson vielseitig aufgestellt: Über verschiedene Genres hinweg – darunter Kinderbücher, wissenschaftspopulistische Werke und Management-Handbücher – hat er fast 40 Bücher verfasst, darunter 13 internationale Bestseller mit insgesamt über 50 Millionen verkauften Exemplaren, die in knapp 50 verschiedene Sprachen übersetzt wurden. Zu den bekanntesten zählen *„Yes" or „No": The Guide to Better Decisions* (1992)[1] und *Who Moved My Cheese? An Amazing Way to Deal with Change in Your Work and in Your Life* (1998)[2].

Johnsons Bücher sind meist kurz, leicht verständlich und didaktisch wertvoll konzipiert,

---

1. Auf Deutsch erschienen als *Die „Ja oder Nein"-Strategie für Manager: Entscheidungen erfolgreich treffen*. Aus dem Amerikanischen von Roswitha Enright. 2. Aufl. Rowohlt: Reinbek 2004.
2. Auf Deutsch erschienen als *Die Mäusestrategie für Manager: Veränderungen erfolgreich begegnen*. Aus dem Amerikanischen von Gaby Turner. Hugendubel: Kreuzlingen 2000.

womit er bei Lesern und Medien (darunter gerade im englischsprachigen Raum zahlreiche positive Besprechungen bei äußerst renommierten Vertretern wie etwa *CNN, BBC, The New York Times, The Wall Street Journal, Reader's Digest* etc.) gleichermaßen hervorragend ankommt.

EIN KÖNIGLICHER TITEL

Als Meister im Herunterbrechen komplexer Sachverhalte der Persönlichkeitsentwicklung auf einfach verständliche Kernaussagen hat sich Johnson im Laufe der vergangenen Jahrzehnte als „King of Parables" (Parabelkönig) einen Namen gemacht.

HINTERGRUND

Der Minuten Manager

Im Rahmen der Modernisierung bisheriger Leadership-Strategien zugunsten kooperativerer und stärker empathiebetonter Modelle starten Blanchard und Johnson 1982 mit *Der Minuten Manager* fulminant in die Welt der

Wirtschaftsliteratur. Der „Geschäftsroman" begleitet einen jungen Mann bei dessen Suche nach dem idealen Manager, der ihm ein Mentor werden soll.

Mit diesem Bestseller wirbeln die beiden Autoren klassische Führungskonzepte gehörig durcheinander und stellen ihnen eine unkomplizierte und innovative neue Auslegung klassischer Managementmethoden entgegen.

Der neue Minuten Manager

Heutzutage verfolgen allerdings immer weniger Arbeitnehmer eine lineare Karriere bei einem einzigen Arbeitgeber. Stattdessen geht der Trend hin zu verschiedenen Arbeitgebern, Aufgabenfeldern, Branchen und sogar Berufen – ist man an einem Arbeitsplatz nicht mehr zufrieden, so bestehen inzwischen immer weniger Hemmungen, den Job zu wechseln.

„Heutzutage müssen Unternehmen und Organisationen mit weniger Ressourcen schneller reagieren, um mit der schnell sich verändernden Technik und mit der Globalisierung Schritt zu halten" (S. 9) – daher ist es auch elementar, dass

Arbeitsorganisationsmethoden, Motivations- und Teamleitungsstrategien grundlegend überprüft und bei Bedarf an den Zeitgeist angepasst werden.

Angesichts solcher neuen Herausforderungen haben sich Blanchard und Johnson 2015 entschieden, *Der Minuten Manager* gründlich zu aktualisieren und eine vollständig überarbeitete Neuausgabe herauszubringen. Die neue Version betont die Bedeutung von Empathie und Eigenständigkeit - im Einklang mit aktuellen Trends in den Erziehungswissenschaften - und soll so „einen neuen gemeinschaftlichen Ansatz, Menschen zu führen und zu motivieren" (S. 9), präsentieren. Dabei werden vor allem partizipative Managementaspekte noch stärker hervorgehoben, wenn sich beispielsweise Manager und Mitarbeiter gemeinsam sowohl auf Zielvorgaben als auch auf entsprechend zu treffende Maßnahmen einigen.

Schließlich zeigt das Werk auch neueren Managern Möglichkeiten auf, mit zeitgemäßen Motivationsbedürfnissen bzw. -faktoren umzugehen, selbst wenn diese bisweilen deutlich von den Anforderungen der Arbeitnehmer vergangener Generationen abweichen.

ZUSAMMENFASSUNG VON *THE NEW ONE MINUTE MANAGER*

Der neue Minuten Manager greift die wichtigsten Konzepte von *Der Minuten Manager* wieder auf und versteht sich so als dessen Fortsetzung. Wiederum steht die Suche eines jungen Mannes nach dem idealen Manager im Mittelpunkt, von dem er die Geheimnisse erfolgreichen Managements zu lernen wünscht. Zusätzlich erhofft er sich nun jedoch auch konkrete Anhaltspunkte, um Mitarbeiter gleichzeitig produktiv und auch menschlich zu führen.

Trotz ausgedehnter Nachforschungen in zahlreichen Ländern, in unterschiedlichsten Branchen und Unternehmensstrukturen trifft der junge Mann stets auf zwei immer gleiche Managertypen: Zum einen „harte", kompromisslose Manager, erfolgsbesessen und ohne Rücksicht auf die Bedürfnisse ihrer Mitarbeiter, zum anderen „nette", demokratische Manager, die auf partizipative Mitarbeiterführung setzen und die Bedürfnisse ihrer Mitarbeiter absolut ernst nehmen, die dabei aber lediglich mittelmäßige Ergebnisse erzielen und ihre eigenen Vorgesetzten nicht gerade von sich überzeugen können.

Als der junge Mann seine Mission schon beinahe abbrechen will, hört er von einem revolutionären Manager ganz in seiner Nähe, dem anscheinend in kürzester Zeit absolut bemerkenswerte Ergebnisse gelingen. Berichten zufolge soll dieser ein äußerst angenehmes, motivierendes und sinnstiftendes Arbeitsklima pflegen, indem er gleichzeitig sowohl auf die Bedürfnisse seiner Mitarbeiter als auch auf die finanziellen Bedürfnisse seines Unternehmens eingeht.

Der junge Mann beschließt, dem berühmten Manager und dessen Team so schnell wie möglich einen Besuch abzustatten, um dort die Prinzipien zu erlernen, die diesem innovativen Ansatz zugrunde liegen.

DIE DREI GEHEIMNISSE DES MINUTEN-MANAGERS

Bei diesem Treffen lernt der junge Mann den Managementstil jenes außergewöhnlichen

Mannes mit der mitreißenden Persönlichkeit kennen, dessen Beiname „Minuten-Manager" darauf anspielt, wie schnell er greifbare Ergebnisse erzielen kann. Anstatt ihm jedoch einfach eine Managementanleitung zu überlassen, schenken ihm der Minuten-Manager und seine Mitarbeiter die drei Geheimnisse effizienter und dennoch umsichtiger Autorität, die sich nicht nur im Unternehmen, sondern auch im Privatleben umsetzen lässt.

Insgesamt dreimal trifft der junge Mann auf Mitarbeiter des Managers, erfährt dabei jeweils eins der Geheimnisse (das 1-Minuten-Ziel, das 1-Minuten-Lob und die 1-Minuten-Neuausrichtung) und fasst die dem jeweiligen Konzept zugrunde liegenden Elemente zusammen.

1-Minuten-Ziele

Das erste Geheimnis, das Konzept der 1-Minuten-Ziele, entdeckt der junge Mann bei einem Treffen mit Teresa Lee, einer fiktiven Mitarbeiterin des Minuten-Managers. Um ein 1-Minuten-Ziel festzulegen, hört der Minuten-Manager seinen Mitarbeitern zunächst aufmerksam zu. Bei der nachfolgenden Diskussion einigen sie sich gemeinsam auf die wichtigsten Punkte. Schließlich notieren alle Mitarbeiter ihre persönlichen Ziele auf maximal einer DIN-A4-Seite und konkretisieren dabei, welche Aufgaben sie innerhalb welcher Fristen zu erledigen haben.

Damit die Liste auf eine Seite passt, können natürlich nicht alle detaillierten Unterziele einzeln mitaufgeführt werden. Doch da man generell eh davon ausgeht, dass letztendlich eine begrenzte Anzahl an Zielvorgaben für den Großteil der Ergebnisse verantwortlich ist (Pareto-Prinzip/80-20-Regel: 80 % der signifikanten Ergebnisse ergeben sich aus lediglich 20 % der Zielvorgaben), fällt dies nicht weiter ins Gewicht. Schließlich ist es auch möglich, spezielle 1-Minuten-Ziele zu setzen, falls für bestimmte Mitarbeiter neue Verantwortungsbereiche hinzukommen oder nur zeitweise übernommen werden sollen.

Eine solche Zusammenfassung bewirkt, dass die Vorstellungen von Mitarbeitern und Managern zu den Aufgaben und Verantwortungsbereichen jedes Einzelnen sowie zu den erwarteten Leistungsstandards aufeinander abgestimmt werden. Auf die Aufzeichnungen kann man zudem jederzeit zurückgreifen – schließlich lässt sich der Inhalt in weniger als einer Minute nachlesen –, sodass Mitarbeiter auch selbstständig ihren Fortschritt beurteilen können. Der Minuten-Manager hat sein Team außerdem geschult, im Fall von Problemen direkt selbstständig die richtigen Fragen zu stellen, sodass die Mitarbeiter meist auch ohne die Hilfe ihres Chefs mit Schwierigkeiten fertig werden. Hierdurch steigt einerseits die Reaktionsfähigkeit des Unternehmens, andererseits aber auch die Motivation der Mitarbeiter, immer effizienter zu arbeiten.

Der Schlüssel zu gelungenen 1-Minuten-Zielen

1-Minuten-Ziele sollten...

- prägnant (höchstens eine DIN-A4-Seite) und so eindeutig wie möglich formuliert sein
- regelmäßig (maximal eine Minute lang!) konsultiert werden, um sicherzustellen, dass die unternommenen Arbeitsschritte auch tatsächlich zur Erfüllung der Zielvorgaben beitragen

1-Minuten-Lob

Paul Trenell, ein genialer junger Mitarbeiter des Minuten-Managers, weiht den jungen Mann in das zweite Geheimnis, das Konzept des 1-Minuten-Lobs, ein. Die Idee dahinter ist, Mitarbeiter direkt anzusprechen, wenn sie gerade etwas sehr gut machen, und dabei positive Ergebnisse, Einstellungen oder Verhaltensweisen besonders hervorzuheben und zu erklären, warum diese so wichtig sind. Ein solches Lob ist besonders motivierend und hält Mitarbeiter dazu an, ihr Potenzial voll auszuschöpfen und ihre Fähigkeiten immer weiter zu verbessern, weil sie gern zum Erfolg ihres Unternehmens beitragen wollen.

Besonders während der Ausbildungsphase ist Lob extrem wichtig. Hier sollten Manager selbst noch nicht ganz perfekte Leistungen enthusiastisch würdigen und zeitnah eine detailliertere Leistungsübersicht inklusive Fortschrittsbericht für die Mitarbeiter erstellen, um diese zu ermutigen, weiterhin gute Arbeit zu leisten.

Damit Lob tatsächlich wirksam ist, sollte es selbstverständlich wohl verdient sein und eindeutig Bezug auf die zuvor festgelegten Ziele nehmen. Außerdem sollte es möglichst unmittelbar auf das lobenswerte Verhalten folgen. So werden Mitarbeiter selbstbewusster und sind entsprechend motivierter, ihre Fähigkeiten weiter zu verbessern und ihre Leistungen zu steigern. Nach und nach lernen sie so auch, bereits selbst zu erkennen, wenn sie etwas gut gemacht haben, und empfinden verdientermaßen Stolz dafür.

Gelungenes 1-Minuten-Lob

So setzt sich ein 1-Minuten-Lob zusammen:

- In den ersten 30 Sekunden beschreibt man die Vorzüge des gerade erfolgten Verhaltens des Mitarbeiters und dankt ihm dafür.
- Nach einer kurzen Pause nutzt man die verbleibenden 30 Sekunden, um den Mitarbeiter zu ermutigen, so weiterzumachen.

1-Minuten-Neuausrichtung

Jon Levy, ein langjähriger Mitarbeiter des Minuten-Managers, führt den jungen Mann schließlich in das dritte Geheimnis, die

1-Minuten-Neuausrichtung (früher auch als „Kritik“ bezeichnet), ein.

Wenn Manager das Vertrauen ihrer Mitarbeiter gewinnen und gleichzeitig positive Ergebnisse erzielen wollen, müssen sie Probleme aufrichtig und transparent ansprechen. Mit der 1-Minuten-Ausrichtung können den Mitarbeitern Fehler bewusst gemacht und anschließend schnell behoben werden.

Nachdem der Manager klargestellt hat, dass die vorgegebenen Ziele eindeutig verstanden wurden, erstellt er in weniger als einer Minute und so unmittelbar wie möglich eine Liste der genauen Probleme und ihrer Konsequenzen. Durch die Zeitnähe zum tatsächlichen Vorfall und das fallspezifische Feedback nehmen Mitarbeiter solche Kritik meist offener auf als unspezifische oder lange zurückgehaltene Vorwürfe, an deren Auslöser sie sich schon gar nicht mehr erinnern können. Dabei ist auch wichtig, dass die Neuausrichtung ausschließlich auf das (unerwünschte) Verhalten und keinesfalls auf den betroffenen Mitarbeiter persönlich abzielt – andernfalls könnte dabei dessen Selbstvertrauen Schaden nehmen.

EINE WIRKUNGSVOLLE MISCHUNG AUS KRITIK UND ERMUTIGUNG

So setzt sich eine 1-Minuten-Neuausrichtung zusammen:

- Die Reaktion auf ein aufgetretenes Problem erfolgt so schnell wie möglich.
- Die ersten 30 Sekunden lang wird das Problem mit seinen Konsequenzen beschrieben.
- Nach einer kurzen Pause nutzt man weitere 30 Sekunden, um den Mitarbeiter wieder aufzubauen: Man versichert ihm, dass er nun in der Lage sei, solche Fehler zu vermeiden und zukünftig erfolgreicher zu arbeiten.
- Nach der erfolgten Neuausrichtung besteht kein Grund mehr, das Thema nochmals anzusprechen.

Zusammenhang zwischen den drei Konzepten

Der eigentliche Sinn der drei Minuten-Management-Konzepte ergibt sich erst, wenn sie miteinander in Verbindung treten. Nachdem also mit neuen Mitarbeitern Ziele eindeutig geklärt und festgelegt wurden, sollte bei Nichterreichen dieser Ziele eine 1-Minuten-Neuausrichtung, bei erfolgreichem Erfüllen der Vorgaben dagegen ein 1-Minuten-Lob eingesetzt werden.

Ein effizienter Manager ist demnach optimalerweise erst „hart" und dann „freundlich", denn meist funktioniert es besser, zunächst (potenzielles) Fehlverhalten streng zu beurteilen und danach zu zeigen, dass man die Person dennoch unterstützt. Wie bereits Robert Schumann (deutscher Komponist der Romantik, Dirigent und Musikkritiker, 1810-1856) im Rahmen einer Symphoniekritik[1] anmerkt: „Nur dem nutzt das Lob, der den Tadel zu schätzen versteht"[2]. Wenn Mitarbeiter bei Fehlern keine Konsequenzen seitens ihrer Vorgesetzten erwarten müssen, fällt es ihnen schwerer, deren Autorität zu akzeptieren und selbst weiterhin ihr Bestes zu geben. Umgekehrt lässt jedoch Engagement auch schnell nach, wenn man ausschließlich unter Druck arbeitet und keinerlei Anerkennung für seine Leistung erfährt.

---

1. (zu Franz Lachners 6. Symphonie in D-Dur (op. 56))
2. Vgl. „Neue Symphonien für Orchester (Schluß) (16.07.1839)". In: *Neue Zeitschrift für Musik. Das Magazin für neue Töne* 11(5, 1839).

INNOVATIVE AUSLEGUNG TRADITIONELLER METHODEN

Unkomplizierter, effizienter Ansatz

Bei der Lektüre wird schnell offensichtlich, wie unkompliziert die Strategie des Minuten-Managers aufgebaut ist. Seine Lehren lassen sich tatsächlich in wenigen Absätzen zusammenfassen: Die Konzepte sind so präzise und logisch aufgebaut, dass sie keiner weiteren Erklärungen bedürfen, und die Methoden, die dabei zum Einsatz kommen, sind bereits weit verbreitet und entsprechend bewährt. Neu ist dagegen die innovative Auslegung der traditionellen Methoden, wie etwa das Auflisten der vereinbarten Zielvorgaben. Das Minuten-Konzept garantiert dabei ein hohes Erfolgstempo, während der gemeinschaftliche bzw. demokratische Aspekt Mitarbeiter motiviert und das gesamte in einem Unternehmen vorhandene Intelligenz- und Talentpotenzial nutzbar macht – im Gegensatz zu traditionellen hierarchischen bzw. vertikalen Managementstrategien, wo solche Potenziale eher erstickt als gefördert wurden.

Arbeitswelt im Wandel

In einer Welt, die durch technische Innovationen und die fortschreitende Globalisierung ständig rasanten Veränderungen unterworfen ist, müssen Unternehmen immer wieder ihre Reaktivität und Anpassungsfähigkeit unter Beweis stellen und dabei noch möglichst wenig Ressourcen verschwenden. Talentierte Mitarbeiter für sich zu gewinnen und langfristig zu halten wird zu einem der wichtigsten Erfolgs-, wenn nicht gar Überlebensgaranten eines Unternehmens. Um den Bedürfnissen heutiger Arbeitnehmer nach Sinn bei der Arbeit und beruflicher Selbstverwirklichung entgegenzukommen, müssen traditionelle hierarchische bzw. vertikale Managementstrategien dringend zugunsten neuer, gemeinschaftlich-demokratischer Ansätze der personenbezogen-situativen Mitarbeiterführung reformiert werden.

Neue Schlüssel zum Erfolg

Um im aktuellen wirtschaftspolitischen Kontext weiterhin bestehen und gar wachsen zu können, müssen Unternehmen...

- möglichst schnell an Veränderungen des Umfelds angepasst werden, selbst wenn dies zunächst Ressourcen kostet
- talentierte Mitarbeiter für sich gewinnen und auch langfristig im Unternehmen halten
- ihre Mitarbeiter motivieren und zu einem loyalen Team zusammenwachsen lassen
- sich von hierarchischen, vertikalen Managementstrategien abwenden, worunter Kreativität schnell zum Erliegen kommt
- einen gemeinschaftlich-demokratischen Managementstil der personenbezogen-situativen Mitarbeiterführung pflegen

OPTIMIERTES ZEITMANAGEMENT

Minimaler Aufwand für maximale Resultate

Einer der essentiellen Erfolgsfaktoren des Minuten-Managers ist sein Zeitmanagement. Dabei wird der Aufwand auf 1-Minuten-Maßnahmen begrenzt, die entsprechend wenig Zeit kosten, aber dennoch deutliche Ergebnisse vorweisen können. Auch wenn mit dieser Technik vielleicht nicht das gesamte Arbeitspensum eines Managers abgedeckt werden kann, lassen sich so (zumindest nach dem Pareto-Gesetz, das jedoch in manchen Kreisen als umstritten gilt) doch 80 % der Resultate mit gerade einmal 20 % des Gesamtaufwands erzielen.

Zuverlässige Verfügbarkeit

Das Erste, was dem jungen Mann beim Kontakt mit dem Minuten-Manager auffällt, ist dessen nahezu ständige Verfügbarkeit. Trotz seiner großen Verantwortung findet der Manager immer genug Zeit für andere, denn wie er selbst sagt, sei die beste Verwendung seiner Zeit eine Investition in seine Mitarbeiter. Einmal wöchentlich organisiert er deshalb Teamsitzungen, bei denen jeder seine erfolgreich abgeschlossenen und noch ausstehenden Aufgaben vorstellt, inklusive der dabei aufgetretenen Probleme und der dafür vorgesehenen Lösungsstrategien.

Aufmerksamkeit auf allen Ebenen

Zudem stellt der Minuten-Manager den Mitarbeitern nicht nur seine Zeit, sondern auch regelmäßig seine volle Aufmerksamkeit zur Verfügung.

In den Augen des jungen Mannes ist der Minuten-Manager unter anderem deshalb so besonders, weil er sein Augenmerk gleichermaßen auf Leistung und auf die Menschen dahinter richtet. Da der Manager überzeugt ist, dass Menschen mit positivem Selbstwertgefühl bessere Ergebnisse erzielen, legt er bei der Arbeit seiner Mitarbeiter ebenso viel Wert auf Quantität wie auf Qualität. Einerseits ist er für menschliche Angelegenheiten der Mitarbeiter und im Fall dringender Probleme ständig erreichbar, andererseits vermeidet er jedoch ineffizienzbedingte Zeitverschwendung und lehnt es ab, außerhalb seines Zuständigkeitsbereichs Aufgaben zu übernehmen bzw. Entscheidungen zu treffen.

Indem der Manager seine Abteilungen zu mehr Eigenständigkeit anleitet, steigert er nicht nur ihre Motivation, sondern gewinnt auch selbst mehr Zeit, da er Mikromanagement – die Versuchung einiger Manager, jeden Arbeitsschritt bis ins kleinste Detail zu kontrollieren, ohne Mitarbeitern die Möglichkeit zu lassen, ihren Erfolg anhand der Ergebnisse selbst zu beurteilen – großzügig vermeidet.

Unmittelbare Reaktionen

Ein weiterer essentieller und innovativer Aspekt des Minuten-Manager-Zeitmanagements ergibt sich aus der kontinuierlichen Evaluation der Mitarbeiter. Von einer „Feedback ist das Frühstück für Champions"-Mentalität ausgehend lässt der Minuten-Manager seine Mitarbeiter direkt und ohne Verzögerung wissen, wie er ihre Leistungen beurteilt – und gibt ihnen so die Möglichkeit, gegebenenfalls notwendige Verbesserungen schnell vorzunehmen. Die weniger didaktische Alternative wäre eine wesentlich später erfolgende, pauschalisierte Leistungsbewertung, die alle im vergangenen Jahr begangenen Fehler eines Mitarbeiters auflistet und diesen somit unweigerlich in eine Defensivposition bringt.

Zeitmanagement in Kürze

Effizientes Zeitmanagement zeichnet sich durch folgende Faktoren aus:

- ständige Erreichbarkeit für die Mitarbeiter
- Anleitung der Mitarbeiter zu weitgehender Eigenständigkeit
- der hauptsächliche Management-Aufwand entfällt auf neue Mitarbeiter bzw. auf bereits länger beschäftigte Mitarbeiter, die neue Verantwortungsbereiche übernehmen
- Ineffizienzreduktion/Effizienzsteigerung bei erfahreneren Mitarbeitern
- Leistungs-Feedback in Echtzeit

EIN NEUARTIGER FÜHRUNGSSTIL

Eher Veränderungen fördern als Vorgaben machen

Ein weiteres essentielles Konzept im Werk von Blanchard und Johnson ist die weitgehende Autonomie der Abteilungen, die der Minuten-Manager vor allem durch Förderung und Anleitung von Veränderungen anstelle autoritärer Vorgaben erreicht hat. Tatsächlich trifft der Manager niemals Entscheidungen für seine Mitarbeiter, sondern investiert stattdessen viel

Zeit in deren Anleitung zur Selbstständigkeit. Dabei lernen sie, wie sie selbst sinnvolle Entscheidungen treffen, indem sie sich die richtigen Fragen stellen.

So können sich die Mitarbeiter mit der Zeit immer mehr selbst „führen" und steigern damit ihre Autonomie und Effizienz, was sich außerdem positiv auf die Motivation auswirkt. Da die Mitarbeiter nach und nach immer weniger auf Anweisungen ihres Managers angewiesen sind, bleibt diesem wiederum mehr Zeit, um neue Mitarbeiter bzw. erfahrenere Mitarbeiter mit neuen Verantwortungsbereichen intensiver zu betreuen.

Eine neue Art von Manager

Um Veränderungen zu fördern, bemüht sich eine optimale Führungskraft...

- hauptsächlich zuzuhören und zu verstehen, anstatt Anweisungen zu erteilen
- eher anzuleiten und zu begleiten, anstatt Vorgaben zu machen
- besser gemeinsam zu einer Lösung zu gelangen, anstatt für andere zu entscheiden
- stets mit gutem Beispiel voranzugehen

- vorzugsweise die Mitarbeiter dazu anzuhalten, sich selbst zu „führen", anstatt alles zu mikromanagen
- eigenständige Abteilungen zu gestalten

Menschlichkeit zeigen

Die Kommunikation des Minuten-Managers zeichnet sich zwingend durch Einfühlungsvermögen und Aufrichtigkeit aus. Beide Eigenschaften sind äußerst hilfreich, wenn es darum geht, Kritik möglichst wertfrei und konstruktiv zu formulieren sowie Mitarbeiter so zu motivieren, dass sie sich ständig selbst zu übertreffen versuchen. Dies steigert automatisch Selbstvertrauen und Leistung, schließlich hat in einer solchen Arbeitsatmosphäre jeder die Möglichkeit, über sich hinauszuwachsen.

Ist die Aufmerksamkeit eines Managers gegenüber seinen Mitarbeitern jedoch nur aufgesetzt und wird von Ehrgeiz anstelle von echter Empathie angetrieben, so bemerken die Mitarbeiter dies unweigerlich früher oder später. Dabei entsteht tief sitzendes Misstrauen, das verhindert, dass der Minuten-Management-Ansatz langfristig Früchte trägt.

Ausreichend anspruchsvolle Erwartungen stellen

Transparenz und Anspruch runden schließlich das Führungsqualitätenprofil des idealen Managers ab. Dank transparenter Angaben wissen Mitarbeiter immer genau, was von ihnen erwartet wird und können ihren Fortschritt selbstständig einschätzen. Ein permanent im Raum stehender Anspruch sorgt dagegen dafür, dass sich niemand auf seinen Lorbeeren ausruht, sondern alle stets bemüht sind, sich noch weiter zu verbessern. Der Minuten-Manager sollte diese Prinzipien in jedem Fall auch auf sich selbst anwenden, seine Fehler offen zugeben und Verantwortung dafür übernehmen.

Wenn ein Manager allerdings nur die Menschen, nicht aber deren Leistung wichtig nimmt, fehlt den Mitarbeitern meist die entsprechende Herausforderung, um sich selbst zu übertreffen, und die höchstens mittelmäßigen Ergebnisse sorgen schnell für Frust. Solchermaßen demotiviert verlieren die Mitarbeiter schließlich ihr Selbstvertrauen, ebenso wie ihr Vertrauen in den Manager.

Unverzichtbare menschliche Eigenschaften

Eine herausragende Führungskraft...

- ist sowohl „hart" als auch „nett"
- äußert eindeutige, präzise Erwartungen und beurteilt andere objektiv
- hinterfragt sich selbst und passt Strategien und Methoden ständig an die aktuellen Gegebenheiten an
- erwartet sowohl von sich selbst als auch von den Mitarbeitern stets optimale Qualität
- schenkt den Mitarbeitern reelle, aufrichtige Aufmerksamkeit
- handelt grundsätzlich empathisch und im Interesse der Mitarbeiter
- verdient das Vertrauen der Mitarbeiter
- bemüht sich, das Selbstvertrauen der Mitarbeiter zu steigern

REZEPTION

DIE ENTWICKLUNG DER FÜHRUNGSMODELLE

Führungskräfte und die optimalen entsprechenden Führungseigenschaften sind schon immer Gegenstand verschiedenster Studien gewesen. Tatsächlich „gibt es wahrscheinlich kaum einen anderen Bereich im Management, der so viele Analysen, Studien und Theorien mit dermaßen komplexen, widersprüchlichen, schwer zu fassenden Ergebnissen hervorgebracht hätte, dass [trotz allem] quasi [immer noch] kaum konkrete, eindeutige, praktisch anwendbare Aussagen dazu existieren"[1].

Abgesehen von zahllosen Weiterführungen des Ursprungswerks durch die Autoren selbst (so etwa von Ken Blanchard *The One Minute Manager Meets the Monkey* (1989)[2] oder *The One Minute*

---

1. Jacques Rojot: „Le leadership: Théories principales et leur portée". In: *Personnel* 407 (Feb. 2000). S. 17. Übersetzt für 50Minuten.de.
2. Auf Deutsch erschienen als *Der 01-Minuten-Manager und der Klammer-Affe: Wie man lernt, sich nicht zuviel aufzuhalsen* (mit Co-

Manager Builds High Performing Teams (1990)[3], wie auch von Spencer Johnson *The One Minute Manager Salesperson* (1984)[4]) hat das Original aber auch viele weitere Anhänger von verantwortungsvollem, weitsichtigem Management inspiriert. So geben Autoren wie Olivier Basso (*Le Manager entrepreneur: Entre discours et réalité, diriger en entrepreneur,* 2006[5]), Robert B. Dilts (*Visionary Leadership Skills,* 1996[6]), Hyrum W. Smith (*You Are What You Believe,* 2016[7]) oder Alan Hester (*Management Starts With You: Gain Confidence and Success as a Leader and Manager,* 2017[8]) bereitwillig an, dass ihre Werke unter dem

---

Autoren William Oncken Jr. und Hal Burrows). Aus dem Amerikanischen von Lieselotte Mietzner. Rowohlt: Reinbek 1990.

3. Auf Deutsch erschienen als *Der 01-Minuten-Manager schult Hochleistungsteams* (mit Co-Autoren Donald Carew und Eunice Parisi-Carew). Aus dem Amerikanischen von Lieselotte Mietzner. Rowohlt: Reinbek 1992.

4. Auf Deutsch erschienen als *Das 01-Minuten-Verkaufstalent* (mit Co-Autor Larry Wilson). Aus dem Amerikanischen von Roland Henssler und Erik Paulsen. Rowohlt: Reinbek 1985.

5. Zu Deutsch etwa *Der Manager-Unternehmer: Zwischen Theorie und Realität – Mitarbeiterführung für Unternehmer.* Titel übersetzt für 50Minuten.de.

6. Auf Deutsch erschienen als *Visionäre Führungskunst: Von der Vision zur Aktion – Die Erschaffung einer Welt, der die Menschen zugehören wollen.* Aus dem Amerikanischen von Barbara von Bechtolsheim. Junfermann: Paderborn 1998.

7. Zu Deutsch etwa *Du bist, woran du glaubst.* Titel übersetzt für 50Minuten.de.

8. Zu Deutsch etwa *Management beginnt bei dir: Selbstvertrauen und*

Einfluss von *Der Minuten Manager* entstanden sind.

In ihrem Paper „Émotions, leadership et évolution des conditions d'accès aux postes de direction" (2002)[9] differenzieren Gond und Mignonac verschiedene Entwicklungsetappen der Führungskonzepte. Nachdem klassische Ansätze zunächst die Persönlichkeitsmerkmale einer Führungskraft, deren Auftreten und schließlich markante Entscheidungssituationen analysiert haben, mit denen Führungsverantwortliche konfrontiert werden können, entstehen in den 1970er Jahren zahlreiche neue Ansätze zu dem Phänomen, deren Fokus hauptsächlich auf dem Charisma von Führungspersönlichkeiten liegt. Dazu zählt etwa die „charismatische Führungskraft" von Robert J. House (entworfen in dem Paper „A 1976 Theory of Charismatic Leadership", 1976[10]), ein Führungstyp, der seine Mitarbeiter mithilfe der eigenen Leidenschaft,

---

Erfolg als Führungskraft und Manager. Titel übersetzt für 50Minuten.de.

9. Zu Deutsch etwa „Emotionen, Leadership und die Entwicklung der Einstellungsvoraussetzungen für Führungsposten". Titel übersetzt für 50Minuten.de.

10. Zu Deutsch etwa „Eine Theorie zur charismatischen Mitarbeiterführung von 1976". Titel übersetzt für 50Minuten.de.

Kühnheit, Überzeugungen und des eigenen Optimismus zu motivieren weiß, wobei er vor allem auf gemeinsame Werte setzt.

Inspiriert durch die Schriften des Historikers James MacGregor Burns (1918-2014) hat Bernard M. Bass in seinem Werk *Leadership and Performance Beyond Expectations* (1985)[11] das Konzept der Transformationalen Führung entwickelt, demzufolge eine Führungskraft ihre Mitarbeiter mithilfe von vier Kategorien – Vorbildfunktion (Idealized Influence) und inspirierende Motivation (Inspirational Motivation) (zusammengefasst als Charisma), intellektuelle Anreize (Intellectual Stimulation) und individuelle Unterstützung (Individualized Consideration) - motivieren kann, sich sogar noch über vorherige Zielvereinbarungen hinaus zu engagieren.

Zur selben Zeit wendet sich der Fokus der Führungstheorien jedoch immer weiter von den Führungskräften selbst ab und stattdessen

---

11. Auf Deutsch erschienen als *Charisma entwickeln und zielführend einsetzen*. Aus dem Amerikanischen von Eva Üblein und H. D. Thierbach. Moderne Industrie: Landsberg/Lech 1986.

den Mitarbeitern sowie zwischenmenschlichen Beziehungen innerhalb des Unternehmens zu.

Dies gilt vor allem für das Modell des situativen Führens von Hersey und Blanchard (1977), demzufolge eine Führungskraft ihren Managementstil der jeweiligen Situation und auch den betroffenen Mitarbeitern individuell anpassen sollte. Ähnliches zeigt sich bei der Leader-Member-Exchange-Theorie (LMX-Theorie), nach der die Führungskraft eine individuelle emotionale Bindung zu jedem ihrer Mitarbeiter aufbaut, wobei Respekt und Vertrauen, die daraus resultieren, weit über das übliche Maß beruflicher Beziehungen hinausgehen können. Die Qualität dieser Beziehung hat direkten Einfluss auf Engagement, Entscheidungen, Leistung und auch Ressourcenverwendung (bei einer höheren Vertrauensbasis haben Mitarbeiter etwa leichteren Zugang zu bestimmten Tools oder Budgets) eines Mitarbeiters.

Der neue Minuten Manager stellt einen guten Ausgangspunkt zum Verständnis dieser neuen Führungsformen dar. Denn auch wenn die meisten Autoren neuerer Theorien Kompetenzentwicklung und Selbstständigkeit der Mitarbeiter in den

Mittelpunkt ihrer Überlegungen stellen, konzentrieren sich ihre Werke zumeist doch eher auf detaillierte Angaben zu Führungsstilen sowie Führungsqualitäten und betonen, wie wichtig es sei, diese fachkundig einzusetzen. Blanchard und Johnson begnügen sich dagegen damit, die Rolle des Managers als Coach und Veränderungsinitiator zu beschreiben, ohne jedoch spezifische Merkmale oder Verhaltensweisen festzulegen, die damit einhergehen sollten.

Darüber hinaus lässt *Der neue Minuten Manager* das Emotionskonzept außen vor, das aktuelle Managementtheorien ansonsten überproportional zu beherrschen scheint. So schreibt etwa Ilios Kotsou in seinem Buch *Intelligence émotionnelle et management: Comprendre et utiliser la force des émotions* (2008)[12]: „[Z]ahlreiche Studien zur ‚Gefühlsansteckung' zeigen, dass der Einsatz von Emotionen bei einem Manager direkte Auswirkungen auf Laune und Leistung der Mitarbeiter hat"[13].

---

12. Zu Deutsch etwa *Emotionale Intelligenz und Management: Die Macht der Emotionen verstehen und einsetzen*. Titel übersetzt für 50Minuten.de.

13. Vgl. *Intelligence émotionnelle et management: Comprendre et utiliser la force des émotions*. 2. Aufl. De Boeck: Brüssel 2012. S. 16. Übersetzt

ENTWICKLUNG DER MOTIVATIONSFAKTOREN

Zur Arbeitsmotivation existieren zahlreiche Studien. Im Folgenden werden davon lediglich zwei große Strömungen aufgeführt: Theorien, die auf Bedürfnisanalysen setzen, und Theorien, die auf Zielvereinbarung aufbauen.

MOTIVATION ALS GLEICHUNG

1962 entwickelt Victor Harald Vroom (kanadischer Wirtschaftspsychologe und Dozent für Management an der Universität Yale, geboren 1932) die folgende sogenannte **VIE-Gleichung**, um das Arbeitsmotivationsniveau zu berechnen: F = E*(I+V). Dabei entspricht:

- F (Handlungsfolgen) den Auswirkungen, die ein Handlungsergebnis auf andere Lebensbereiche hat
- E (Erwartung/Expectancy) der subjektiv wahrgenommenen Wahrscheinlichkeit, dass ein Ergebnis infolge einer bestimm-

für 50Minuten.de.

ten Handlung eintritt

- I (Instrumentalität/Instrumentality) der Wahrscheinlichkeit, dass das Ergebnis der eigenen Leistungen eine bestimmte Handlungsfolge auslöst
- V (Valenz/Valence) dem Grad, wie wünschenswert ein bestimmter Zustand für ein Individuum ist

Bedürfnisanalyse

Nach der Zwei-Faktoren-Motivationstheorie (1959) von Frederick Herzberg (amerikanischer Psychologe und Arbeitswissenschaftler, 1923-2000) unterscheidet man zwischen Hygienefaktoren (bzw. Kontextfaktoren der Arbeit) und Motivatoren (bzw. persönlichen Bedürfnissen zum Arbeitsinhalt). Ein Mangel bei den Hygienefaktoren (wie etwa Arbeitsklima, Lohn, Arbeitsplatzsicherheit etc.) führt schnell zu Frustration und Unzufriedenheit, während sich die Präsenz von Motivatoren – wie der Name schon sagt – positiv auf die Motivation auswirkt.

Die Prinzipien des Minuten-Managers gehen zwar auf die Hygienefaktoren nicht weiter ein, decken jedoch die Bedürfnisse hinter den Motivatoren – dazu gehören etwa Wachstum, Übernahme von Verantwortung, Erfolg und Anerkennung – weitestgehend ab. Denselben Faktoren entsprechen auch die höheren Ebenen von Abraham Maslows (amerikanischer Psychologe, 1908-1970) Bedürfnispyramide, konkret das Bedürfnis nach Anerkennung und Selbstverwirklichung. Hinzu kommt das Bedürfnis nach Wachstum und Produktivität, das 1972 von Clayton Alderfer (amerikanischer Psychologe, 1940-2015) im Rahmen seiner ERG-Theorie als Ergänzung zu Maslows Kriterien hinzudefiniert wurde.

Der Frage, *warum* manche Manager so sehr nach Profit streben, widmen Blanchard und Johnson kaum einen Gedanken. Stattdessen befassen sie sich vor allem mit dem idealen Verhalten von Managern. Im Einklang mit den Bedürfnistheorien fordern sie dabei, dass Offenheit und einfühlsames Zuhören die wichtigsten Führungsqualitäten eines Managers ausmachen sollten. Dabei wird die Arbeitsmotivation der Mitarbeiter zwar nicht direkt angesprochen, schwingt aber bei der personenbezogen-situativen Führungstechnik des Minuten-Managers dennoch unterschwellig mit.

Management by Objectives (Unternehmensführung per Zielvereinbarung)

Die Theorie des Management by Objectives definiert sich folgendermaßen:

> „Jedes Unternehmen muss ein echtes Team aufbauen und die individuellen Bemühungen zu einer gemeinsamen Bestrebung verschmelzen. Jeder Angehörige des Unternehmens trägt etwas anderes bei, doch alle seine Mitglieder müssen ein gemeinsames Ziel anstreben. Die Beiträge aller Mitglieder der Organisation müssen sich ineinander fügen, um ein in sich schlüssiges Ergebnis zu erzielen. Es darf keine Lücken, keine Brüche und keinen Doppelaufwand geben.
> Damit ein Unternehmen Ergebnisse erzielen kann, müssen also sämtliche Tätigkeiten auf die Ziele des Gesamtunternehmens ausgerichtet sein"
> (Peter F. Drucker: *Was ist Management? Das Beste aus 50 Jahren.* S. 141.).

Im Rahmen dieser Vorgaben soll jedoch durchaus Raum für Kreativität und individuelle Verantwortungsübernahme bestehen bleiben. Leistung ist dabei kein absolutes Kriterium, sondern wird an spezifischen, präzise definierten Zielen festgemacht und entsprechend bewertet.

Der Zielsetzungstheorie, die der amerikanische Psychologe Edwin Locke (geboren 1938) 1968 entwickelt hat, entlehnt *Der neue Minuten Manager* zudem vor allem die Forderung nach eindeutig definierten Zielvorgaben inklusive Feedback und gegebenenfalls Belohnungen bei erfolgreichem Erfüllen der Vorgaben. Allerdings verzichten Blanchard und Johnson darauf, näher auf die Form der individuellen Zielvorgaben, deren Vereinbarkeit mit übergeordneten Langzeitzielen des Unternehmens oder die genaue Art und Weise der Zielfestlegung einzugehen.

Schließlich bestehen auch Übereinstimmungen zwischen *Der neue Minuten Manager* und der Selbstbestimmungstheorie (1985) von Edward L. Deci (amerikanischer Professor für Psychologie und Sozialwissenschaften, geboren 1942) und Richard M. Ryan (amerikanischer Universitätsprofessor und klinischer Psychologe), der zufolge Individuen vor allem dann motiviert werden, wenn sie sich kompetent, fähig und selbstständig fühlen.

Generell könnte man Blanchard und Johnson vorwerfen, dass sie in ihrem Werk persönliche Motivationsfaktoren oder Persönlichkeitsfaktoren – sowohl der Führungskraft als auch der Mitarbeiter – gänzlich ignorieren, wenn sie davon ausgehen, dass ihr Modell ausnahmslos effiziente Führungskräfte und motivierte Mitarbeiter generieren wird, unabhängig davon, wie diese individuell veranlagt sind.

Psychologen wie der amerikanische Verhaltens- und Sozialpsychologe David McClelland (1917-1998) haben jedoch gezeigt, dass Menschen ihre Motivation – ganz im Sinne von Maslow – hauptsächlich (mit individueller Gewichtung) auf drei dominante Bedürfnisse aufteilen: das Bedürfnis nach Erfolg, das Bedürfnis nach Macht und das Bedürfnis nach Zugehörigkeit (vgl. McClellands Buch *The Achieving Society*, 1961[14]). Die Minuten-Methode würde sicherlich auch von der Berücksichtigung individueller

14. Auf Deutsch erschienen als *Die Leistungsgesellschaft: Psychologische Analyse der Voraussetzungen wirtschaftlicher Entwicklung*. Aus dem Englischen von Ingeborg Y. Wendt und Marianne Grund. Kohlhammer: Stuttgart 1966.

Motivationsquellen profitieren, da so unter Umständen sogar noch bessere Resultate erzielt werden könnten, etwa wenn man mit den 1-Minuten-Zielvorgaben spezifisch auf die Vorstellungen eines Mitarbeiters eingehen könnte.

Empathie und Verfügbarkeit

Aktuelle Ansätze der Positiven Psychologie betonen die Bedeutung der Empathie bereits bei Alltagsinteraktionen, ob im Privatleben oder im Beruf. Das Achtsamkeitskonzept (Mindfulness) vermittelt ebenfalls, wie wichtig es ist, konzentriert im Jetzt zu leben und alle neuen Situationen offen und aufmerksam wahrzunehmen.

Diese Prinzipien finden sich im weitesten Sinne auch in *Der neue Minuten Manager* wieder, indem hier der Fokus auf Offenheit und aufmerksames Zuhören gelegt wird. Aufrichtigkeit und Einfühlsamkeit zählen ebenfalls zu den grundlegenden Elementen, die das Buch für effizientes Management vorsieht. Übrigens soll das Augensymbol, das im Buch immer wieder auftaucht, ebenfalls grundsätzliche Aufmerksamkeit anderen gegenüber symbolisieren. Allerdings vermitteln Blanchard und

Johnson nur sehr wenige konkrete Beispiele, anhand derer man den Empathiegedanken leichter auf die Praxis übertragen könnte – dieser Punkt scheint noch ausbaufähig.

DERZEITIGE ENTWICKLUNGEN IN DER ARBEITSWELT

Angesichts der Auswirkungen von Globalisierung und Digitalisierung auf den Arbeitsmarkt sehen sich Unternehmen heutzutage großen Herausforderungen ausgesetzt. Ursache dafür ist eine nahezu widersprüchliche Entwicklung des Arbeitskonzepts.

Einerseits verlangt man sowohl von Managern als auch von den Mitarbeitern immer schnellere Ergebnisse. Anderseits wird von Managern aber auch erwartet, dass sie ihre eigenen Bedürfnisse mit dem wachsenden Individualismus der Mitarbeiter in Einklang bringen. Vor diesem Hintergrund erscheint ein flexibler und personenbezogen-situativer Managementstil immer wichtiger, während traditionelle, vertikale oder pyramidale Hierarchiestrukturen den Anforderungen längst nicht mehr gerecht werden können.

VUCA

Das Akronym VUCA, das für Volatility (Unbeständigkeit), Uncertainty (Unsicherheit), Complexity (Komplexität) und Ambiguity (Mehrdeutigkeit) steht, wurde in den 1990er Jahren von der amerikanischen Armee entwickelt und fasst die grundlegenden Bedingungen der heutigen Zeit effizient zusammen. Vor diesem Hintergrund wird reaktionsschnelle Anpassungsfähigkeit zu einem der wichtigsten Merkmale von Führungskräften und Organisationen. Inspiriert vom IT-Projektmanagement, wo ebenfalls multiple variable Faktoren gleichzeitig beachtet werden müssen, hat Antonin Gaunand (französischer Berater und Referent, Experte für Leadership und Anpassungsfähigkeit) das Konzept der Anpassungsfähigkeit in seinem Buch *Le leadership agile: 7 leviers pour aider votre équipe à innover* (2016)[15] folgendermaßen definiert: „die Fähigkeit einer Abteilung bzw. Organisation, sich an ein Umfeld im ständigen Wandel anzupassen"[16].

15. Zu Deutsch etwa *Anpassungsfähige Mitarbeiterführung: 7 Ansatzpunkte, um Ihre Abteilung innovativer zu machen*. Titel übersetzt für 50Minuten.de.
16. Übersetzt für 50Minuten.de.

Geschwindigkeitszwang

In der heutigen Zapping-Kultur herrscht ständige Ungeduld – nur unmittelbar sichtbare Ergebnisse vermögen überhaupt noch, das kurzlebige Interesse der Gesellschaft aufrechtzuerhalten. Der aktuelle Gamification-Trend (Spielifizierung) in der Arbeitswelt symbolisiert dieses Bedürfnis hervorragend.

In Anlehnung an Videospiele ermöglichen „Unternehmensspiele" so etwa mithilfe von Highscores, Ranglisten, Statusanzeigen und Erfahrungspunkten die Fähigkeitsbewertung von Mitarbeitern oder sogar die Bewertung von potenziellen neuen Mitarbeitern beim Vorstellungsgespräch. Bei solchen Spielen kann man „sich selbst bewerten, sich im Leistungsvergleich mit anderen betrachten und sich jederzeit darum bemühen, seine Ergebnisse zu verbessern" (vgl. Dominique Mangiatordi: *Managers, faites vos jeux: Guide de gamification pour animer votre équipe différemment*. Royal App Force: Brüssel 2016. S. 34.[17]). So können Mitspieler/Mitarbeiter etwa

17. Übersetzt für 50Minuten.de. (Titel zu Deutsch etwa *Manager, Ihren Einsatz, bitte! Gamification-Anleitung, um Ihre Abteilung einmal anders zu motivieren*, übersetzt für 50Minuten.de.)

auch in Echtzeit überprüfen, wo sie sich gerade im Verhältnis zu ihren Zielvorgaben befinden.

Im Vordergrund stehen dabei Effizienz und Geschwindigkeit, was wiederum an *Der neue Minuten Manager* erinnert - schließlich setzt auch das Werk von Blanchard und Johnson auf unmittelbares Feedback durch den Manager als individuelle Wachstumschance und Motivationsfaktor für die Mitarbeiter.

Ein weiterer, häufig zitierter Effizienzaspekt entsteht durch Teamwork und kollektive Intelligenz:

> „Diese Zusammenarbeit ist auch für die Mitarbeiter sinnstiftend. Neue und alte Vorgehensweisen prallen aufeinander, man befindet sich entsprechend in einer Übergangsphase. In dieser Situation fällt den Führungskräften eine besonders tragende Rolle zu. Denn wenn sich die Geschäftsführung, das Herz eines Unternehmens, zugeknöpft und unflexibel zeigt, hat ein solches Unternehmen keine Zukunft mehr"
> (vgl. Laurence Baranski im Interview von A. D-F: „Modèle traditionnel vs. nouveau leadership". In: *Grandes Écoles et Universités Magazine* 66 (Jan. 2015)[18]).

---

18. Übersetzt für 50Minuten.de.

Umso bedauerlicher, dass das Konzept der Teamarbeit in *Der neue Minuten Manager* so gänzlich unbeachtet bleibt, während lediglich individuelle Beziehungen zwischen dem Manager und einzelnen Teammitgliedern betrachtet werden.

SINNFINDUNG

Das objektiv betrachtet recht kopflose Rennen um schnellere und immer noch schnellere Erfolge kann Mitarbeitern bisweilen die Orientierung nehmen und gerade Mitglieder der Generation Y sowie darauffolgende Geburtsjahrgänge dazu anhalten, in ihrer Arbeit nach Sinn zu suchen. Der „Sinn der Arbeit" ist jedoch kontextbedingt eine äußerst unbeständige Größe, die vom geschichtspolitischen Hintergrund und von der Persönlichkeit jedes Einzelnen maßgeblich beeinflusst wird. Häufig äußert sich dieser „Sinn" als subjektiv wahrgenommene Kohärenz zwischen der beruflichen Tätigkeit und individuellen Werten bzw. Erwartungen.

Blanchard und Johnson gehen in ihrem Werk nicht weiter auf die Frage nach dem „Sinn der Arbeit" ein, sondern beschränken sich darauf, zu empfehlen, dass die Mitarbeiter selbst im Rahmen ihrer 1-Minuten-Ziele den Sinn erklären und annehmen mögen, den sie ihren Aufgaben und Verantwortlichkeiten zumessen. Die Frage nach persönlichen Werten und deren Vereinbarkeit mit den Vorstellungen des Arbeitgebers beschäftigt derzeit zahlreiche Unternehmen und Arbeitnehmer, eine tiefer greifende Betrachtung dieses Aspekts wäre daher sicherlich auch in *Der neue Minuten Manager* sinnvoll gewesen.

ZUSAMMENFASSUNG

Die Konzepte, die in *Der neue Minuten Manager* vorgestellt werden, sind überaus einfach verständlich und umsetzbar. In dieser Hinsicht bieten sie für Management-Neulinge einen idealen Einstieg in die Materie, ebenso wie eine willkommene Kenntnisauffrischung für erfahrenere Manager.

Doch obwohl diese Unkompliziertheit die Hauptstärke des Bestsellers darstellt, ist sie ebenfalls seine größte Schwäche: Durch die Kürze des Werks bleiben viele wichtige Dinge unausgesprochen. Ein erklärendes Begleitwerk zur Vertiefung scheint mehr als angemessen, insbesondere im Hinblick auf eine konkrete Umsetzung der angesprochenen Prinzipien durch den Manager. Die 1-Minuten-Techniken würden zudem enorm davon profitieren, wenn man die wachsende Bedeutung von Persönlichkeit und persönlichen Werten – sowohl der Führungskraft als auch der Mitarbeiter –, ebenso wie deren Auswirkungen auf Individual- und Teamleistung, miteinbeziehen könnte.

ZUSAMMENGEFASST

- Gute Leistung beginnt mit eindeutig definierten Zielvorgaben. Diese sollten in Ruhe ausdiskutiert und schließlich gemeinschaftlich festgelegt werden, wobei man auch die konkret erwarteten Ergebnisse festhält. In jedem Fall sollte man sicher gehen, dass die Vorgaben gründlich und zugleich präzise genug formuliert sind, um auch später – beim nochmaligen, schnellen Durchlesen – noch verständlich zu sein.
- Am besten lernt es sich in einer unterstützenden Atmosphäre. Das lässt sich beispielsweise erreichen, indem man Mitarbeiter lobt, denen soeben etwas besonders gut gelungen ist. Durch Betonen der Erfolge ermutigt man diese, so weiterzumachen. Generell sollte man regelmäßig zum Ausdruck bringen, wie sehr man jemandem vertraut und an dessen Fortschritt glaubt.
- Als Manager sollte man zwar streng („hart"), aber dennoch menschlich („nett") auftreten. Fehler oder Nachlässigkeiten sollte man

direkt ansprechen, damit diese so schnell wie möglich behoben werden können. Diese Kritik sollte man jedoch bedacht formulieren. Dabei muss klar werden, was nicht gut funktioniert und inwiefern das nicht den Erwartungen entspricht. Wichtig ist, dass man ausschließlich das unangemessene Verhalten und keinesfalls die Person als Ganzes kritisiert.

- Unter allen Umständen sollte man empathisch auftreten. Komplimente sind nur dann wirksam, wenn sie aufrichtig gemeint werden. Kritik hilft nur, wenn sie konstruktiv formuliert ist. Übertreibungen, verletzende oder unnötige Bemerkungen sind grundsätzlich zu vermeiden.
- Erreichbarkeit ist wichtig. Egal wie hoch die Arbeitslast ausfällt – die Tür eines Managers sollte seinen Mitarbeitern immer offenstehen, Gleiches gilt für seinen Geist und die Ideen der Mitarbeiter. Für einen Manager ist die beste Verwendung seiner Zeit eine Investition in die Mitarbeiter. Kommunikation nimmt dabei den allerhöchsten Stellenwert ein.
- Reaktionen sollten unmittelbar erfolgen. Sobald es etwas anzumerken gibt, egal ob positiv oder negativ, sollte dies direkt und

ohne Verzögerung geschehen. Je näher eine Handlung und die Reflexion darüber aneinander liegen, desto mehr kann man damit bewirken. Ein verzögertes Feedback hat wesentlich weniger positiven Einfluss, es kann sogar Defensivreaktionen hervorrufen.

- Als Manager sollte man nicht „regieren", sondern lediglich anderen die Entscheidungsfindung erleichtern. Anstatt Vorgaben zu machen, sollte man seine Abteilungen vielmehr dazu anregen, selbstständig Antworten für ihre Fragen zu finden. Indem man den Mitarbeitern aufmerksam zuhört und sie lehrt, selbst die richtigen Fragen zu stellen, leitet man sie zu mehr Eigenständigkeit an.
- Im Optimalfall sollten Abteilungen lernen, notfalls auch ohne den Manager zurechtzukommen. Bei der Anleitung zeigt man den richtigen Weg auf, doch man sollte keinesfalls das Kommando übernehmen oder selbst Aufgaben ausführen, für die eigentlich jemand anders verantwortlich ist. Stattdessen delegiert man Verantwortlichkeiten und ermuntert die Mitarbeiter, diese anzunehmen. Dadurch fühlen sie sich wertgeschätzt und gewinnen an Selbstvertrauen.

- Ein Manager geht immer mit gutem Beispiel voran. Alle wohlformulierten Prinzipien sollte man zu allererst auf sich selbst anwenden – was für das Team gilt, gilt für die Führungskraft nur umso mehr. Mitarbeiter lernen effizienter, wenn sie sehen (und entsprechend imitieren) können, was sie tun sollen, als wenn man ihnen dies nur mündlich mitteilt.
- Manager sollten sich selbst regelmäßig hinterfragen und Verantwortung für ihre Fehler übernehmen. Wenn eine Aufgabe nicht gut ausgeführt wurde, liegt es womöglich daran, dass man sie nicht gut erklärt hat. Wenn unangemessenes Verhalten weiter anhält, wurde es wahrscheinlich nicht streng genug sanktioniert. Managementstrategien und -methoden sollten ständig neu überdacht und an die Gegebenheiten angepasst, bei Bedarf auch völlig verändert werden.

DARÜBER HINAUS

LITERATURVERZEICHNIS

- Alderfer, Clayton: *Existence, Relatedness, and Growth. Human Needs In Organizational Settings*. Free Press: New York 1972.
- Baranski, Laurence: *Le manager éclairé*. Eyrolles: Paris 2014.
- Bass, Bernard M.: *Charisma entwickeln und zielführend einsetzen*. Aus dem Amerikanischen von Eva Üblein und H. D. Thierbach. Moderne Industrie: Landsberg/Lech 1986.
- Bauer, Tayla N.; Erdogan, Berrin: *The Oxford Handbook of Leader-Member Exchange*. Oxford UP: Oxford 2015.
- Blanchard, Ken; Johnson, Spencer: *Der neue Minuten Manager. Vollständig überarbeitete Ausgabe für die Manager von heute*. Aus dem Amerikanischen von Hermann Gieselbusch, Gitta Joost und Hubert Mania. 2. Aufl. Rowohlt Taschenbuch: Reinbek 2017.
- Deci, Edward; Ryan, Richard: *Intrinsic Motivation and Self-Determination In Human Behavior*. Plenum Press: New York 1985.

- D-F, A.: „Modèle traditionnel vs. nouveau leadership". In: *Grandes Écoles et Universités Magazine* 66 (Jan. 2015). http://www.mondedesgrandesecoles.fr/modele-traditionnel-vs-nouveau-leadership/ (04.11.2018).
- Drucker, Peter F.: *Was ist Management? Das Beste aus 50 Jahren*. Aus dem Amerikanischen von Stephan Gebauer. 6. Aufl. Econ/Ullstein: Berlin 2010.
- Gaunand, Antonin: *Le leadership agile. 7 leviers pour aider votre équipe à innover*. Eyrolles: Paris 2017.
- Gond, Jean-Pascal; Mignonac, Karim: „Émotions, leadership et évolution des conditions d'accès aux postes de direction". *LIRHE*. Université des Sciences sociales de Toulouse: Toulouse 2012.
- Hersey, Paul; Blanchard, Ken: *Management of Organizational Behavior. Utilizing Human Resources*. Prentice Hall: Englewood Cliffs 1982.
- Herzberg, Frederick: *Work and the Nature of Man*. Staples Press: London 1972.
- House, Robert J.: „A 1976 Theory of Charismatic Leadership". *Working Paper Series* 76-06. Toronto University: Toronto 1976. https://files.eric.ed.gov/fulltext/ED133827.pdf (04.11.2018).
- Kotsou, Ilios: *Intelligence émotionnelle et management. Comprendre et utiliser la force des émotions*. De Boeck: Brüssel 2012.

- Locke, Edwin: „Toward a Theory of Task Motivation and Incentives". In: *Organizational Behavior and Human Performances* 3(2; Mai 1968). S. 157-189.
- Louart, Pierre: *Maslow, Herzberg et les théories du contenu motivationnel*. CLAREE. IAE-USTL: Lille 2002.
- McClelland, David: *Die Leistungsgesellschaft. Psychologische Analyse der Voraussetzungen wirtschaftlicher Entwicklung*. Aus dem Englischen von Ingeborg Y. Wendt und Marianne Grund. Kohlhammer: Stuttgart 1966.
- Mangiatordi, Dominique: *Managers, faites vos jeux. Guide de gamification pour animer votre équipe différemment*. Royal App Force: Brüssel 2016.
- Maslow, Abraham: *Motivation und Persönlichkeit*. Aus dem Englischen von Paul Kruntorad. 15. Aufl. Rowohlt: Reinbek 2018.
- Rojot, Jacques: „Le leadership. Théories principales et leur portée". In: *Personnel* 407 (Feb. 2000).
- Roussel, Patrice: *La motivation au travail. Concept et théories*. LIRHE. Université des Sciences sociales de Toulouse: Toulouse 2000.
- Schumann, Robert: „Neue Symphonien für Orchester (Schluß) (16.07.1839)". In: *Neue Zeitschrift für Musik. Das Magazin für neue Töne* 11(5, 1839)."
- Vroom, Victor: *Work and Motivation*. Wiley: New York 1964.

WEITERFÜHRENDE LITERATUR

- Basso, Olivier: *Le manager entrepreneur. Entre discours et réalité, diriger en entrepreneur.* Reihe: Village Mondial. Pearson Education France: Paris 2006.
- Blanchard, Ken; Hybels, Bill; Hodges, Phil: *Das Jesus-Prinzip. Führen mit biblischer Weisheit.* Aus dem Amerikanischen von Anette Schalk. Projektion J: Asslar 2000.
- Blanchard, Ken; Carew, Donald; Parisi-Carew, Eunice: *Der 01-Minuten-Manager schult Hochleistungsteams.* Aus dem Amerikanischen von Lieselotte Mietzner. Rowohlt: Reinbek 1992.
- Blanchard, Ken; Oncken, William Jr.; Burrows, Hal: *Der 01-Minuten-Manager und der Klammer-Affe. Wie man lernt, sich nicht zuviel aufzuhalsen.* Aus dem Amerikanischen von Lieselotte Mietzner. Rowohlt: Reinbek 1990.
- Dilts, Robert D.: *Visionäre Führungskunst. Von der Vision zur Aktion. Die Erschaffung einer Welt, der die Menschen zugehören wollen.* Aus dem Amerikanischen von Barbara von Bechtolsheim. Junfermann: Paderborn 1998.
- Hester, Alan: *Management Starts With You. Gain Confidence and Success as a Leader and Manager.* Robinson: London 2017.

- Ilg, Peter: „Lob ist eine elegante Form von Kritik (18.08.2017)." *Zeit Online*. Interview mit BWL-Professor Nick Zubanov. https://www.zeit.de/karriere/2017-08/nick-zubanov-bwl-professor-lob-leistung-studie (04.11.2018).
- Johnson, Spencer: *Die „Ja oder Nein"-Strategie für Manager. Entscheidungen erfolgreich treffen*. Aus dem Amerikanischen von Roswitha Enright. 2. Aufl. Rowohlt: Reinbek 2004.
- Johnson, Spencer: *Die Mäusestrategie für Manager. Veränderungen erfolgreich begegnen*. Aus dem Amerikanischen von Gaby Turner. Hugendubel: Kreuzlingen 2000.
- Johnson, Spencer; Wilson, Larry: *Das 01-Minuten-Verkaufstalent*. Aus dem Amerikanischen von Roland Henssler und Erik Paulsen. Rowohlt: Reinbek 1985.
- Nayar, Vineet: „Manager oder Führungspersönlichkeit? (14.08.2013)." *HarvardBusinessmanager.de*. http://www.harvardbusinessmanager.de/blogs/fuehrung-koennen-sie-menschen-inspirieren-a-916294.html (04.11.2018).
- Smith, Hyrum W.: *You Are What You Believe. Simple Steps to Transform Your Life*. Berrett-Koehler Publishers: Oakland/CA 2016.
- Sundheim, Doug: „Warum Manager Emotionen zeigen sollten (20.08.2013)."

HarvardBusinessmanager.de. http://www.harvardbusinessmanager.de/blogs/plaedoyer-fuer-echte-emotionen-und-effektive-fuehrung-a-918877.html (04.11.2018).

- Von Au, Corinna (Hrsg.): *Eigenschaften und Kompetenzen von Führungspersönlichkeiten. Achtsamkeit, Selbstreflexion, Soft Skills und Kompetenzsysteme.* Springer: Wiesbaden 2017.

MEHR AUF 50MINUTEN.DE

- Belghazi, Soraya: Die 7 Wege zur Effektivität. Persönlich effizienter werden und dabei man selbst bleiben. Zusammenfassung & Analyse des Bestsellers von Stephen R. Covey. Aus dem Französischen von Ruth Alvermann. Plurilingua Publishing: Brüssel 2018.
- Bouillot, Charlotte: Schnelligkeit durch Vertrauen. Ein unverzichtbarer Faktor zur Leistungssteigerung. Zusammenfassung & Analyse des Bestsellers von Stephen R. Covey und Rebecca R. Merrill. Aus dem Französischen von Ruth Alvermann. Plurilingua Publishing: Brüssel 2018.
- Delers, Antoine: Das Pareto-Prinzip. Die 80/20-Regel. Aus dem Französischen von Mareike Lobeck. Plurilingua Publishing: Brüssel 2018.
- De Harlez, Renaud: Management by Objectives. So erreicht Ihr Team seine volle Leistung. Aus dem

Französischen von Mareike Lobeck. Plurilingua Publishing: Brüssel 2018.

- Pichère, Pierre: Die Bedürfnispyramide. Menschliche Bedürfnisse verstehen und einordnen. Aus dem Französischen von Mareike Lobeck. Plurilingua Publishing: Brüssel 2018.
- Sanna, Alice: Der Weg zum Wesentlichen. Ein unverzichtbarer Ratgeber für optimales Zeitmanagement. Zusammenfassung & Analyse des Bestsellers von Stephen R. Covey, A. Roger Merrill und Rebecca R. Merrill. Aus dem Französischen von Ruth Alvermann. Plurilingua Publishing: Brüssel 2018.
- Steffens, Guillaume: Die SMART-Methode. 5 Kriterien für gut definierte Ziele. Aus dem Französischen von Mareike Lobeck. Plurilingua Publishing: Brüssel 2018.

NOCH NICHT GENUG?

- Homepage des (verstorbenen) Autors Spencer Johnson mit Liste all seiner Bücher, Kritiken und biografischen Informationen (auf Englisch). http://spencerjohnson.com/ (04.11.2018).
- Homepage des Buchs *The New One Minute Manager* mit Pressestimmen, Events, Hintergrundinformationen etc. (auf Englisch). https://newoneminutemanager.com/ (04.11.2018).

- Homepage von *The Ken Blanchard Companies*, der Management-Training-Organisation von Autor Ken Blanchard mit Events, Workshops, Trainingsseminaren, Produkten und weiteren Informationen (auf Englisch). https://www.kenblanchard.com/ (04.11.2018).
- Homepage der *Lead-like-Jesus*-Organisation von Autor Ken Blanchard (auf Englisch). https://www.leadlikejesus.com/ (04.11.2018).

Ihre Meinung ist uns wichtig!
Hinterlassen Sie doch einen Kommentar auf der Seite unserer Online-Buchhandlung und teilen Sie Ihre Favoriten in den sozialen Netzwerken!

www.50Minuten.de

ISBN digitale Ausgabe: 9782808010009

ISBN gedruckte Ausgabe: 9782808015165

Pflichtexemplar: D/2018/12603/518

Cover: © Plurilingua

Digitale Aufbereitung: Primento, der digitale Partner der Herausgeber

Printed in Poland
by Amazon Fulfillment
Poland Sp. z o.o., Wrocław

31499187R00049